DE PARIS AU SAHARA

ITINÉRAIRE
Descriptif et archéologique aux villes
romaines de Lambèse et de Thimgad, en
Algérie, et visite hivernale
à Biskra (Sahara)

EN PASSANT PAR
ALGER, SÉTIF
CONSTANTINE ET BATNA

PAR

AMBROISE TARDIEU
Historiographe de l'Auvergne,
Officier et chevalier de plusieurs ordres,
Membre de l'Institut archéologique d'Allemagne et
de l'Académie Royale de Madrid, des Académies
de Rouen, Marseille, Toulouse, Nancy,
Hippone, Clermont-Ferrand etc.

BATNA
IMPRIMERIE F. SOLDATI

1890

DE PARIS AU SAHARA

CE VOLUME SE TROUVE

chez

M. F. SOLDATI

imprimeur

7, RUE D'ALGER, 7

BATNA (Algérie)

DE PARIS AU SAHARA

ITINÉRAIRE

Descriptif et archéologique aux villes romaines de Lambèse et de Thimgad, en Algérie, et visite hivernale à Biskra (Sahara)

EN PASSANT PAR

ALGER, SÉTIF CONSTANTINE ET BATNA

PAR

AMBROISE TARDIEU

Historiographe de l'Auvergne,
Officier et chevalier de plusieurs ordres,
Membre de l'Institut archéologique d'Allemagne et
de l'Académie Royale de Madrid, des Académies
de Rouen, Marseille, Toulouse, Nancy,
Hippone, Clermont-Ferrand etc...

BATNA

IMPRIMERIE F. SOLDATI

1890

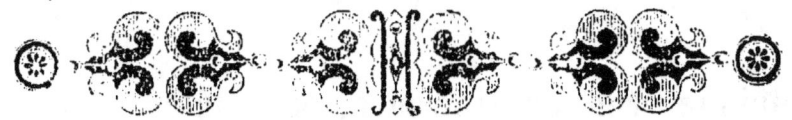

I

DE PARIS A ALGER

Nous nous supposons à Paris, au mois de février. Partons pour l'Afrique. Là-bas, au pays où fleurit l'oranger, le ciel est bleu d'azur; le soleil inonde de sa douce chaleur cette belle Algérie, trop peu connue encore.

De Paris à Marseille, nous sommes en chemin de fer (*train rapide*). A Marseille, nous prenons le magnifique bateau à vapeur de la Compagnie transatlantique l'**Eugène Pereire** qui, en 24 heures, nous transporte à travers la Méditerrannée, à Alger.

Pour abréger la route, on pourrait aller plus vite au désert, en se rendant directement, par un autre bateau, à Philippeville;

mais le premier itinéraire, par Alger, quoiqu'un peu plus long, offre plus de charmes.

Alger (72,000 habitants) présente un coup d'œil féérique vu de la mer. La ville étagée en amphithéâtre, le splendide boulevard de la République (1500 mètres), les coteaux toujours verts de Mustapha, le curieux quartier arabe avec ses maisons mauresques, le climat, l'hiver, la vie à bon marché, font, de cette capitale, un séjour unique, après Paris. Il y vient bien 6,000 étrangers chaque hiver; mais il en viendra, sûrement, bien davantage.

Le golfe d'Alger est merveilleux. On prétend qu'il rappelle celui de Naples; et de fait, son horizon, du côté du cap Matifou, offre un coup d'œil grandiose: Au loin, à 70 kilomètres, on aperçoit les montagnes de la Kabylie, couvertes de neige en hiver. Visitez, à Alger, le musée archéologique, dans une superbe maison mauresque (rue de l'Etat-Major); montez la rue de la Kasbah, si originale avec ses escaliers et les constructions mauresques primitives des alentours. Prenez une voiture de place; faites-vous conduire à St-Eugène où sont bâties les nombreuses et belles villas appartenant à de riches familles israélites; de là, poussez jusqu'à la pointe Pescade, en n'oubliant pas de visiter, avant d'arriver (sur votre droite et le bord de la mer), le fort romain bâti en briques. On est assuré de trouver bon gîte et nourriture fine et parfaite au restaurant de la pointe Pescade.

Revenu à Alger, promenez-vous en voiture, sur les hauteurs de Mustapha supérieur. Passez sur le boulevard Gambetta, d'où le le coup d'œil, sur Alger et les environs, est peut-être unique ; descendez à la Fontaine-Bleue ; poussez jusqu'au jardin d'Essai où vous verrez des palmiers dans toute leur vigueur, des roses odoriférantes en plein hiver, quelques autruches dans un coin du jardin. Enfin, une autre promenade, fort recommandée, est celle de la route des Aqueducs. Tout le long de sa voie, villas des plus riches et de divers styles ; vue admirable sur la mer ; et surtout, le côteau enchanteur de Mustapha. Admirez la végétation, si riche, si belle et si verte, même aux plus vilains jours de décembre. Si le temps vous le permet, dirigez-vous, par la route de Mustapha, jusque sur les hauteurs du bois de Boulogne. Enfin, le soir, promenez-vous sur le boulevard de la République et remarquez sur la mer, les effets de lumière des nombreux phares. Si la lune éclaire le spectacle, le coup d'œil vous paraîtra d'un effet dramatique.

Nous n'indiquons, bien entendu, que les principales curiosités d'Alger ; car celui qui pourra y séjourner quelques jours, sera charmé des agréments multiples de cette capitale, agréments tellement nombreux qui font dire qu'Alger est le séjour le plus enviable, l'hiver.

II

D'ALGER A CONSTANTINE

Prenons la voie ferrée, à 6 heures 35 du matin. Nous serons à Constantine à minuit. Après Sidi-Brahim (185 kilomètres), le train pénètre dans une des parties les plus accidentées de la ligne. La voie est reserrée entre de grands rochers qui prennent l'aspect de grandes murailles. Deux brèches offrent, seules, un passage : ce sont les **portes de fer**.

Nous arrivons, ensuite à Sétif (308 kilomètres), ville située dans une immense plaine, à 1,074 mètres d'altitude, occupée, pour la première fois, par l'armée française, en 1839. C'est l'ancienne **Sittifa** des Romains. On a réuni, sur la promenade d'Orléans, quelques antiquités romaines.

Nous voici à Constantine (464 kilomètres d'Alger), 590 mètres d'altitude. Il y a, ici, 45,000 habitants, dont 25,000 musulmans. La ville, assise sur un énorme rocher, à pic, est entourée, du côté de la gare, par l'épouvantable précipice dans lequel coule le Rhummel. Le pont d'El-Kantara est jeté sur ce ravin, à près de cent mètres de hauteur. On est saisi d'effroi en regardant en bas. A l'entrée étroite de ce précipice, le pont du diable qui, certes, est bien placé pour la cour de Satan. Près de ce pont, une inscription antique gravée sur le rocher, rappelle les deux martyrs chrétiens Jacques et Marien, torturés à Constantine et masacrés à Lambèse, au milieu du Troisième Siècle. Nous montons par la rue Nationale, en apercevant quelques restes des murs romains de l'ancienne **Cirta** (Constantine). Nous descendons au square, où sont des inscriptions romaines ; nous passons devant le beau théâtre moderne sur la place de la brèche, par laquelle notre courageuse armée entra dans Constantine, lors du siège célèbre de 1837 ; Montons visiter le petit musé archéologique ; les casernes de la Kasbah et leurs immenses citernes romaines ; et descendons aux cascades du Rhummel, d'où le rocher, à pic, s'élève à 240 mètres.

Non loin de Constantine, les restes intéressants du magnifique aqueduc romain qui amenait l'eau potable dans cette ville. On s'y rend par la route de Sétif. On peut encore visiter le curieux cimetière arabe et monter au Coudiat-Ati, d'où la vue est vraiment splendide de toutes parts. Vous pourrez descendre dans la ville arabe et revenir par le quartier israélite.

Visitez les marchés indigènes qui ressemblent un peu à ceux de Tunis et, enfin, la belle cour du palais du général qui est l'ancienne demeure du Dey de Constantine.

III

DE CONSTANTINE A BATNA

Prenons le chemin de fer de Constantine à Batna. Le pays offre un aspect inculte et inhabité ; çà et là, quelques rares constructions de colons. Nous trouvons des lacs salés exploités par les Arabes. En hiver, il y séjourne une foule d'oiseaux. Les amateurs de chasse au marais pourront y faire une halte intéressante.

Près de la station d'Aïn-Yagout, à 4 kil. 1/2, le **Madr'acen** ou tombeau de **Syphax**. C'est un monument que les savants disent renfermer les restes de *Micipsa*, roi de Numidie (mort 118 ans avant Jésus-Christ) ; mais ce sépulcre doit remonter beaucoup plus haut. Il se compose d'une base circulaire supportant une série de 24 cylindres en pierre qui décroissent successivement. La plate-forme supérieure a 11 mètres 40 cent. de diamètre ; le gradin inférieur a 58 mètres 66 cent. de diamètre et supporte 60 colonnes.

Nous arrivons à la ville de Batna (119 kilomètres de Constantine), 1,025 mètres d'altitude, dont le nom arabe veut dire *bivouac*. Ce lieu ne remonte qu'à 1844, et fut créé, à cette époque, après l'expédition commandée par le duc d'Aumale. C'est le chef-lieu d'une subdivision militaire. Les rues sont larges, droites et tracées au cordeau ; les habitations ont un seul étage. Un mur d'enceinte, percé de meurtrières et de quatre portes, entoure la ville où l'on voit de belles casernes. Batna est placé au milieu d'une plaine en forme de cirque, dominée, du côté de l'ouest, par la montagne des cèdres (2,400 mètres), dont les arbres sont plusieurs fois séculaires. La forêt des cèdres n'a pas moins de 10,000 hectares. En 1888, les criquets ont traversé la région de Batna, où ils ont commis de grands ravages. Leur nombre prodigieux arrêta même le service de la voie ferrée sur laquelle ils s'étaient précipités. Au sud-est de la ville, dans les montagnes, il y avait, avant notre conquête de l'Algérie, beaucoup de lions et même des panthères. Le ravin du lion, près de Batna et de Lambèse, a conservé le souvenir du séjour de ces animaux féroces, qui n'ont pas encore complètement disparu de la contrée.

IV

DE BATNA A LAMBÈSE

Prenons une voiture particulière, de bon matin, et rendons-nous, à 11 kilomètres de Batna, à Lambèse, puis à Thimgad. Nous serons de retour, à Batna, dans la soirée.

La ville de **Lambœsis** (aujourd'hui Lambèse, appelée aussi *Lambessa*) est, pour l'archéologue, une vaste ruine du plus haut intérêt. Elle avait 2 kilomètres 1/2 de longueur et 1 kilomètre de largeur, soit 250 hectares. Le tout formait une espèce de triangle. De nos jours, on y voit des briques à rebords, des débris de colonnes et de mosaïques, des pierres taillées un peu partout et, enfin, une maison centrale de détention, où Napoléon III fit enfermer les hommes politiques, dont il se débarrassa lors de son coup d'Etat (1852).

Tâchons d'énumérer, très rapidement, les principales curiosités de Lambèse. Notre but n'est pas de faire un état descriptif complet de cette ville, mais d'en donner une idée suffisante aux touristes et aux archéologues qui la visiteront. On pourra, du reste, consulter les ouvrages auxquels nous renvoyons dans la Bibliographie finale. Les savants y trouveront de nombreux détails qui, forcément, ne peuvent pas figurer ici.

Tout d'abord, disons que cette ville fut fondée par la 3ᵉ Légion Auguste. Des centaines d'inscriptions ont été retirées du sol. Feu M. Léon Renier, membre de l'Institut, les a relevées au nombre de 1,400, dans un volume in-4°, publié par le Gouvernement français, en 1857. Lors de sa première mission en Algérie, ce grand savant passa, à Lambèse, presque tout le temps qu'il consacra, cette année-là, à l'Afrique; et, depuis, deux érudits, MM. Poulle, président de la Société archéologique de Constantine (1), et M. R. Cagnat (2), ont écrit de remarquables dissertations sur ce lieu. En 1875, Wilmanns, chargé par l'Institut de Berlin (dont je fais partie en qualité de correspondant) de vérifier le texte de toutes les inscriptions romaines de l'Afrique septentrionale, séjourna, pendant quelques semaines, au milieu des ruines de Lambèse (3). Il serait à

(1) Voir la Bibliographie à la fin de ce volume.
(2) Voir la Bibliographie à la fin de ce volume.
(3) Voir la Bibliographie à la fin de ce volume.

souhaiter que des fouilles sérieuses fussent entreprises ici, soit par l'Etat, soit par un savant riche et dévoué à la science. Rien, jusqu'à ce jour, n'a été tenté en grand.

Actuellement, on voit, à Lambèse, le camp de la 3° Légion Auguste, rectangle de 420 mètres de largeur, sur 500 de longueur, orienté du Nord au Sud. Et puisque nous parlons de cette légion disons qu'elle se trouva au siège de Jérusalem par Titus (79 ans après J.-C.). Au centre du camp, le prétoire (*prætorium*), édifice bien conservé et le plus imposant de Lambèse, centre principal de la vie militaire, représentant un rectangle découvert, élevé en pierres de taille, d'un aspect rougeâtre, de 23 mètres 30 de côté sur 30 mètres 60. Il fut restauré en 268, à la suite d'un tremblement de terre.

Près de ce monument étaient placées des constructions qui ont, aujourd'hui, disparu et qui servaient de résidence au gouverneur de la Numidie. A droite du *prætorium*, dans le camp, restes de vastes thermes où l'on remarque le système de chauffage sous de légères voûtes soutenues par de petits piliers en briques. Hors du camp, à gauche, quelques débris de l'arc de triomphe élevé à l'empereur Commode; plus haut, à droite, l'amphithéâtre, dont les gradins ont été enlevés pour servir à la construction de la maison centrale de Lambèse ; le grand arc mesure 104 mètres ; son arène contenait 12,000 spectateurs ; plus haut, encore, l'arc de triomphe élevé à l'empereur Septime Sévère ; et, tout auprès, les ruines de la maison dite du *légat ;* au dessus, ruines du temple d'Esculape ; plus loin encore, ruines du temple de Neptune. On voit aussi, à Lambèse, les restes de deux forums contigus, entourés des ruines de leurs portiques et d'une colonnade. Près du forum, un grand édifice, un temple, dit-on, consacré aux trois principales divinités de l'Olympe.

[Il existait, autour de Lambèse, plusieurs nécropoles ou cimetières. Le plus étendu occupait une surface d'environ 15 hectares. Son emplacement est encore littéralement jonché de tombeaux. Dans le *prætorium*, on a réuni des débris de statues, des inscriptions, et l'on trouve une foule de cippes (tombeaux) dans une cour de la Maison centrale ; du reste, tout le village de Lambèse en renferme un peu partout, de ci de là. Visitez le fragment de la belle mosaïque des quatre saisons, dans le jardin de la Maison centrale.

Une autre curiosité de Lambèse est celle de cinq mûriers poussant l'un à côté de l'autre, et que l'on dit remonter à l'époque romaine.

En juin 1865, Napoléon III se rendit à Batna et fit une visite aux ruines de Lambèse. Depuis cette époque, c'est par centaines qu'on compte les personnages ou célébrités qui sont venus admirer ces débris antiques.

V

DE LAMBÈSE A THIMGAD

Suivons, maintenant, la route qui, de Lambèse, conduit aux ruines de Thimgad. Nous passons, bientôt, devant l'arc de Markouna, que l'on peut considérer comme une porte de ville donnant accès dans un faubourg de Lambèse. Il conserve encore, des deux côtés, une belle inscription en l'honneur d'Antonin. Cette porte intéressante est en mauvais état ; elle devrait être consolidée.

Le pays devient sauvage, sans arbres, d'une tristesse mortelle ; horizons immenses, bornés par des montagnes lointaines. A 22 kilomètres de Batna, une maison de cantonnier qui soulage le cœur dans cet aride pays. Plus loin, même aspect. Enfin, à 36 kilomètres, à droite de la route, une colonne romaine, enfoncée en terre, sur laquelle on lit ces mots :

MINISTÈRE DE L'INSTRUCTION PUBLIQUE
ET DES BEAUX-ARTS
MONUMENTS HISTORIQUES
VILLE ROMAINE DE THAMUGAS
2 KILOMÈTRES 500

Nous apercevons, maintenant, au loin, à mi-côte, dans la plaine, une ville en ruines. A gauche, des colonnes blanches ; à droite, un monument rougeâtre : c'est **Thamugas.** Nous traversons un tout petit ruisseau. La piste est assez mal tracée. Nous montons et marchons sur des milliers de débris romains : briques à rebords, poterie rouge dite samienne, que les Romains appelaient aussi *terra campana*. Bientôt, nous sommes transportés d'admiration à la vue de ce qui a été mis à nu de la ville où nous arrivons. Un gardien indigène (un ancien spahis) se présente à nous et tâche de nous expliquer, tant bien que mal, les fouilles qui sont devant nos yeux.

Thamugas (1), aujourd'hui **Thimgad,** fondé sous Trajan, nous apparaît avec son étendue couvrant un espace considérable. Le sol est partout jonché de milliers de pierres de taille levées, enfoncées sous terre et qui sont les restes des murailles des constructions encore inconnues. En avant, une porte de la ville assez bien déblayée; en haut, une colonnade, de grande longueur, placée tout le long d'une voie admirablement dallée. Les trottoirs de cette voie sont dans un état parfait de conservation; les pierres de celle-ci ont des rainures (ornières) dans lesquelles les roues des chars s'emboîtaient comme celles de nos tramways; du moins, ces rainures ont-elles été faites par l'usure des roues et respectées. Au bout de la voie, très bel arc de triomphe élevé à Septime Sévère. Il est orné de colones fort riches et conserve une statue dans une niche. Le long de la voie, des fontaines avec leurs bacs carrés. Le forum, placé à

(1) Le nom de *Thamugas* a été révélé par les inscriptions trouvées sur l'emplacement de cette ville.

gauche en arrivant, est une merveilleuse place publique dont les dalles sont d'une richesse et d'une grandeur incroyables, comme aussi d'une conservation qui étonne.

On y remarque la tribune aux harangues avec l'escalier pour y monter ; et, sur le bord de la voie publique, des boutiques dont les murs étaient décorés de marbres. On ne voit, à Thimgad, aucunes peintures murales, contrairement à l'usage ; car les Romains enduisaient les murs des habitations de peintures, en général rouge-vermillon, et leurs demeures les plus riches avaient des sujets mythologiques ou des paysages. Au milieu du dallage du forum, une rose d'orientation, un cadran solaire. Près du forum, de vastes latrines publiques où l'on distingue deux dauphins sculptés. A côté du forum, adossé à un monticule, le théâtre conservant un grand nombre de ses gradins et sa colonnade, ses chapiteaux corinthiens. Il a été parfaitement déblayé. A droite du théâtre, les restes du Capitole ; au devant, celles d'un temple (4 colonnes restent debout), qui était un sanctuaire à Jupiter Capitolin. Au sud du Capitole, ruines d'une basilique chrétienne du temps de

Constantin (1). Remarquons le marché (*macellum*) avec les boutiques des vendeurs. Plus loin, dans la plaine, un immense fort byzantin (120 mètres de long.), construit en grandes pierres de taille et qui contenait, sûrement, plusieurs milles de soldats. Avant 1881, les ruines de Thamugas étaient peu connues. Les fouilles entreprises à cette époque par l'Etat sont un beau commencement, qui donne une idée de la ville (2) ; mais ce n'est pas la centième partie à faire. Il faudrait bien un million pour mettre à jour une bonne partie de la cité antique.

Nous avons visité trois fois les ruines de la célèbre ville romaine de Pompéï, près de Naples (Italie); or, après Pompéï, il n'y a pas de plus belle ville romaine, enfoncée sous terre, que celle de Thamugas. L'Algérie possède, là, un trésor archéologique d'un prix inestimable. Thamugas est donc la *Pompéï algérienne*.

(1) Il y a 5 basiliques chrétiennes à Thimgad.
(2) M. Duthoit (E.), architecte en chef des monuments historiques de l'Algérie, est le premier en date qui fut chargé officiellement de commencer les fouilles de Thimgad ; le deuxième, M. Maintenay ; le troisième, M. Millevoye, architecte; enfin, le quatrième, M. Sarrasin, qui est le directeur actuel des fouilles.

Quel était donc ce grand peuple romain qui savait créer de si grandes villes dans des pays aujourd'hui déserts ?

La ville de Thamugas et celle de Lambèse ont été détruites une première fois, au milieu du Ve siècle, lorsque les Vandales chassèrent les Romains ; reconstruites en partie, elles furent renversées, une seconde fois, lors de l'invasion de l'Aurès par les Arabes en Afrique, à la fin du VIIe siècle. Ces ruines, que nous admirons, gisent donc sous terre depuis près de quinze siècles !

Qu'il soit dit en passant qu'on devra porter son déjeuner à Thimgad ; car il n'y a pas la moindre hôtellerie. Quatre heures et demie sont à peine suffisantes pour voir ces merveilleuses ruines que j'ai visitées au commencement de février 1890.

Nous retournons à Batna. Mais avant de quitter définitivement cette ville, nous tenons à dire tout le charme que nous avons trouvé à résider deux mois dans ses murs. Nous n'oublierons jamais l'accueil gracieux d'une hospitalité rare dont nous avons été l'objet par les diverses autorités civiles et militaires. Batna, avec son site à lui, ses rues larges et droites, l'aménité de ses habitants, restera gravé dans notre cœur !

VI

DE BATNA A BISKRA

De Batna, nous reprenons la voie ferrée pour Biskra. Le paysage est fort triste ; le pays uniforme ; pas un seul arbre. C'est bien monotone ! Des chameaux sont sur la route portant de grands sacs ou montés par des indigènes. De temps en temps, on aperçoit des tentes misérables, où résident des Arabes. L'hiver, ils descendent dans la plaine ; l'été, ils remonteront dans les montagnes. En haillons, ils se montrent autour de leurs pauvres logis qui sont entourés tout simplement de clôtures en branches sèches, au-devant desquelles sautent de jeunes enfants.

Deux heures et demie après notre départ de Batna, nous arrivons à **El-Kantara**. Tout d'un coup, la locomotive traverse un tunnel au milieu d'une gorge pittoresque. Et quelle n'est pas notre surprise en apercevant, à la sortie de la voûte, un village très primitif, bâti en terre, presque adossé à la montagne ! A la suite de ce village, paraît une oasis ravissante, couverte de milliers de verts palmiers, qui présentent l'aspect d'un jardin enchanteur. La vue devient, maintenant, grandiose ; des parties arides alternent avec des contrées fertiles. Le pays est littéralement couvert de chameaux. Les uns paissent tranquillement ; d'autres traversent la contrée couverts de marchandises. Deux heures après, nous arrivons à la gare de Biskra.

Biskra, reine du Sahara, est placé au milieu de centaines de milles de palmiers-dattiers, sous un climat délicieux, l'hiver. Lorsque nous nous gelons à Paris, il fait chaud à Biskra ; aussi les étrangers y viennent-ils passer la froide saison. Du reste, Biskra n'est plus, avec la vapeur, qu'à 60 heures de Paris.

Installons-nous à Biskra. Il y a dans cette ville, qui pourra devenir notre Vichy d'hiver et qui a été admirablement transformée par ses derniers maires (Voir, au chapitre Bibliographie, le mot Cazenave.), une garnison et de jolis squares où poussent les arbres les plus rares. On y trouve, partout, l'Arabe du désert, honnête, haut de taille, aux traits imposants, couvert d'un beau burnous blanc. Le soir, de nombreux cafés maures offrent une distraction insolite : musique arabe avec de grands tambours et des haut-bois criards ; danses originales de femmes des Ouled-Naïls. Celles-ci portent de grands voiles en gaze, couverts de fleurs dorées et sont coiffées de longues nattes en cheveux. Dans l'un des cafés, il y a un jeune lionceau, libre et inoffensif, qui, au premier abord, m'inspira plus de crainte que de curiosité. Il dormait nonchalamment sur son dos, les pattes pliées, l'œil à demi-ouvert.

Biskra offre un aspect curieux avec sa population mêlée qui passe et repasse : spahis avec leur beau manteau rouge et leur allure décidée ; jeunes enfants avec leur teint brun doré ; touristes avec leurs costumes modernes ; jeunes Arabes qui courent après vous pour vous offrir leurs services ; indigènes un peu partout.

De Biskra, on aperçoit le grand désert. Le fond ressemble à la mer bleue et produit, souvent, des effets de mirage. En effet, il me sembla voir une ville avec ses mosquées. C'était une illusion ! Le Sahara ou grand désert apparaît, ici, avec ses belles oasis de palmiers, spectacle bien fait pour transporter d'admiration un artiste.

Le désert n'est pas ce que l'on croit, ce pays stérile que l'on entrevoit en France. C'est un espace poétique avec ses oasis et son beau ciel. Le soir, la voûte céleste se colore, à Biskra, de teintes jaune-d'or ou vert-émeraude qui vous enchantent. Les montagnes paraissent, alors, d'un rose tendre qui fait le charme des nombreux peintres attirés dans cette partie méridionale de notre colonnie africaine.

Visitez, à Biskra, le château oriental de M. le comte Landon de Longeville, lequel possède un million de rentes. Le jardin de cette demeure est un vrai paradis terrestre. M. Landon, propriétaire de nombreux châteaux, est un homme de haute intelligence qui, dit-on, aime les gens de lettres et de talent. On ajoute que les pauvres ont, en lui, un bienfaiteur.

Près de Biskra, réside le caïd (chef arabe) des Zibans, Ben Ganah, un grand seigneur dans l'acception du mot; car il possède, comme jadis, en France, au moyen âge, de nombreux faucons pour la chasse au lièvre, plaisir bien rare aujourd'hui.

A six kilomètres de Biskra, une source chaude et sulfureuse, excellente, dit-on, pour les rhumatismes. Elle est recueillie dans un petit établissement provisoire. Mais, paraît-il, il se forme une société qui fera de Biskra une agréable station d'hiver, où l'on trouvera un casino et divers plaisirs. L'eau thermale sera alors amenée jusque dans la ville, à laquelle la concession a été accordée par l'Etat. Nous faisons des vœux pour que ce projet se réalise au plus tôt.

Au sud de Biskra, **Tougourt** (4,500 habitants), capitale de l'Oued-Rir', à 204 kilomètres, en plein désert.

Depuis 1856, la région de l'Oued-Rir' a été l'objet de merveilleux forages de puits artésiens qui ont permis de créer des oasis dans un pays jusqu'alors réputé stérile. Ceci demande quelques détails : A la fin de 1854, le combat de Meggarine ouvrait, à la France, les portes de Tougourt. Au bénéfice de cette paix, il fallait joindre des travaux d'utilité publique. Ce qui manquait, dans ces contrées, c'était l'eau (1).

Le général Desvaux, commandant la sub-

(1) H. Jus, *Les Forages artésiens de la province de Constantine,* in-8. 1878. Excellent mémoire où l'on trouve tous les détails désirables.

division de Batna et la colonne expéditionnaire du Sud, constatait, à cette époque, que quelques puits, anciennement creusés, donnaient des volumes d'eau insuffisants et que les oasis, dont ils étaient la vie, dépérissaient peu à peu ou avaient déjà disparu sous les sables. Il proposa, au Gouvernement, de commencer des travaux de puits artésiens dans l'Oued-Rir'. Le maréchal Randon, alors gouverneur de l'Algérie, donna son approbation ce à beau projet, et l'on fit appel, en France, à des hommes célèbres. La Compagnie Degousée et Laurent, qui avait exécuté tant de forages, même dans les oasis de la Haute-Egypte, accepta la mission de confectionner le matériel. M. Charles Laurent, ingénieur, associé de la maison Degousée, vint explorer la région, en décembre 1855. Le matériel de sondage arriva en avril 1856. Il était précédé de M. H. Jus, ingenieur civil, envoyé par la maison Degousée, pour prendre la direction des travaux, auquel l'administration avait joint M. le sous-lieutenant Lehaut, du 3ᵉ spahis. Le transport de ce matériel présenta des difficultés incroyables. Il fallut des prodiges pour atteindre Tamerna. C'est dans cette oasis de l'Oued-Rir' que le premier puits fut creusé et, le 9 juin 1856, une véritable rivière, de 4,000 litres par minute, à 21 degrés, s'élançait des entrailles de la terre. La joie des indigènes fut immense. Dans une fête solennelle, les marabouts réunis baptisèrent la fontaine nouvelle qu'ils appelèrent *Fontaine de la Paix*. En 1864, le général de division Périgot remplaça le général Desvaux dans le commandement de la province de Constantine. Il prit la résolution de continuer avec ardeur l'œuvre entreprise. Pendant sa tournée dans le Sud, en 1876, M. le général Logerot, commandant la subdivision de Batna, put aussi prendre des mesures pour donner une nouvelle impulsion à l'entreprise. Depuis lors, les sondages ont été poursuivis avec ardeur par l'administration militaire. Au 1er octobre 1885, l'Oued-Rir' possédait 114 puits jaillissants français et 492 puits jaillissants indigènes. En 1887, l'Oued-Rir' comptait 43 oasis et environ 520,000 palmiers-dattiers en plein rapport et 100,000 arbres fruitiers. La production annuelle en dattes représente une valeur de plus de 2 millions 1/2 de francs (1). C'est alors, qu'en 1881,

(1) *L'Oued-Rir' et la Colonisation française*, par G. Rolland, ingénieur, 1887, in-8º.

se fonda, avec le marquis de Courcival, ancien officier de l'armée d'Afrique, secondé par M. G. Rolland, ingénieur des mines, une Société agricole dite *Société de Batna et du Sud-Algérien*, dirigée par M. H. Jus, l'intelligent sondeur du Sud.

C'est la seule entreprise privée constituée en vue de créer, au Sahara, de nouveaux centres de culture et fertiliser le désert. A elle seule, elle a créé (1889) trois grandes oasis dans la vallée de l'Oued-Rir', trois villages, planté 50,000 palmiers-dattiers, ce qui représente les trois quarts de la totalité des plantations françaises du Sahara algérien et foré neuf puits jaillissants. Cette Société a été signalée avec éclat par les Sociétés savantes et par la presse.

Grâce au courrier, on peut aller à Tougourt en deux jours. Le trajet (aller seulement) ne coûte que 50 francs, malgré les 204 kilomètres de distance. Tougourt est la ville du désert par excellence. On ne manquera pas d'y visiter l'agha, Si Ismaël ben Massarli Ali, un ami de la France, qui donne une hospitalité grandiose à tous les touristes qui lui sont présentés.

N'oublions pas de dire qu'on fore, en ce

moment, à Biskra, un puits artésien arrivé à plus de 300 mètres de profondeur.

Biskra a un grand avenir. Tous ceux qui se rendent à Nice voudront voir cette perle du Sahara.

Venez donc à Biskra. Vous y trouverez tout pour vous séduire; les yeux s'ouvriront ravis ; la température, supérieure à toutes celles des villes d'hiver (de décembre à mars), vous réchauffera doucement. Loin d'un grand centre et près de ce beau désert dont on ne peut se faire une véritable idée, vous vous sentirez vivre et direz que vous êtes heureux. Biskra convient aux touristes, aux malades, aux artistes, aux poètes.

ITINÉRAIRE

DE

BISKRA A TOUGOURT

Distance, 204 kilomètres 250 ; à cheval, 32 heures 45 ; en voiture, 23 heures. Cet itinéraire est indiqué pour ceux qui ne prendront pas le courrier, lequel fait un service régulier.

Première Journée. — De Biskra à Mouleïna (à Mouleïna, eau potable et bois). — Distance, 18 kil. ; à cheval, 2 h. 45 ; en voiture, 2 heures.

De Mouleïna à Tahir-Raçou ou Saâda (à Saâda, bordj pour les isolés, pas d'eau pour le campement, relai de la poste). — Distance, 9 kil. 450 ; à cheval, 1 h. 50 ; en voiture, 1 h.

De Saâda à Bir-Djeffaïr (à Bir-Djeffaïr, puits de 5^{m}50 de profondeur. Eau très épathique. Bois. Se munir d'une corde pour puiser.) — Distance, 12 kil. 450 ; à cheval, 2 h. 05 ; en voiture, 1 h. 25.

De Bir-Djeffaïr à Chegga (à Chegga, bordj pour les isolés. Puits artésiens. Eau assez potable au puits n° 2 en dehors du bordj. Bois aux environs. Relai de la poste.) — Distance, 11 kil ; à cheval, 1 h. 45 ; en voiture, 1 h. 25.

Marche de la 1re Journée. — Distance, 51 kil. 600 ; à cheval, 8 h. 25 ; en voiture, 5 h. 50.

Deuxième Journée. — De Chagga à Sétil (à Sétil, puits 1ᵐ20 de profondeur. Eau potable. Bois.) — Distance, 20 kil. 200; à cheval, 3 h. 30; en voituae, 2 h. 15.

De Sétil à Kef-el-Dohor (à Kef, poste de télégraphie optique communiquant avec Amar-Khaddou et Biskra. Pas d'eau.) — Distance, 4 kil. 900; à cheval, 0 h. 45; en voiture, 0 h. 40.

De Kef au puits artésien de Miahadalou (à Miahadalou, eau mauvaise. Bois à 3 kilomètres. Relai de la poste.) — Distance, 3 kil. 300; à cheval, 0 h. 30; en voiture, 0 h. 35.

De Miahadalon à Ourir. Traversée du Chott Melrir pour entrer dans l'Oued-Rir'. (Ourir, propriété plantée par la Société agricole et industrielle de Batna. Quatre puits artésiens. Eau potable. Bois. Bordj habité par un agent français. Echange des courriers entre Tougourt et Biskra.) — Distance, 14 kil. 700; à cheval, 2 h. 10; en voiture, 1 h. 30.

D'Ourir à Mraïer (à Mraïer, hôtel français. Puits artésiens. Eau potable. Pas de bois.) — Distance, 9 kil. 750; à cheval, 1 h. 30; en voiture, 1 h.

Marche de la 2ᵉ Journée. Distance, 52 kil. 850; à cheval, 8 h. 25; en voiture, 6 heures.

Troisième Journée. — De Mraïer à Aïn-Kerma, eau potable et bois. — Distance, 9 kil. 700; à cheval, 1 h. 25; en voitur, 1 h.

D'Aïn-Kerma à l'oued Sidi-K'helil (à Sidi-K'helil, situé à 2 kil. de la route, bordj de campement. Puits artésiens. Eau potable. Relai de la poste.) — Distance, 3 kil. 800; à cheval, 0 h. 50; en voiture, 30 minutes.

De l'Oued-Sidi-K'helil à Naza-ben-Rzig (à Naza-ben-Rzig, puits artésien. Eau salée. Bois. A 6 k. Est de la route, poste de télégraphie optique d'El-Berd communiquant avec Kef-el-Dohor. — Distance, 13 kil. 900; à cheval, 1 h. 55; en voiture, 1 h. 25.

De Naza-ben-Rzig à Aïn-R'fihan (à Aïn-R'fihan, eau potable. Bois.) — Distance, 7 kil. 800; à cheval, 1 h. 10; en voiture, 45 minutes.

D'Aïn-R'fihan à Zaouïet-Rihab, eau potable et bois. — Distance, 5 kil. 700; à cheval, 1½ h.; en voiture, 35 minutes.

De Zaouïet-Rihab à Ourlana (à Ourlana, centre de l'Oued-Rir' et région des puits artésiens à grand débit. Eau potable. Bois. Bordj pour les isolés. Relai de la poste. A 500 mètres du bordj on trouve Tala. Em-Mouïdi, propriété plantée par le capitaine Ben Driss, est à 1,500 mètres plus loin. Coudiat-Sidi-Yahia, propriété plantée par la Société agricole et industrielle de Batna. Puits artésiens. Bordj habité par un Français et sa famille.) — Distance, 3 kil. 700; à cheval, 45 minutes; en voiture, 25 minutes.

Marche de la 3e Journée. — Distance, 44 kil. 600; à cheval, 7 h. 05; en voiture, 4 h. 40.

Quatrième Journée. — D'Ourlana à Ayata (Ayata, propriété créée par la Société agricole et industrielle de Batna. Bordj. Puits artésien fournissant la meilleure eau de la région.) — Distance, 8 kil. 300; à cheval, 1 h. 20; en voiture, 50 minutes.

D'Ayata à Chria-Ben-Sidi-Athman (au Chria, eau potable et bois. Par cette direction, on abrège la route de 3 k. en cotoyant à 2 k. Ouest les deux oasis de Tamerna. A Tamerna-Khedima, bordj de campement pour les isolés. Eau potable et bois. A 3 k. 560 S.-E. du Chria, poste de télégraphie optique correspondant avec El-Berd.) — Distance, 4 kil.; à cheval, 40 minutes; en voiture, 25 minutes.

De Chria-ben-Athman à Sidi-Rached (à Rached, bordj de campement pour les isolés. Puits artésiens. Eau potable. Bois et relais de la poste.) — Distance, 14 k. 900; à cheval, 2 h. 20; en voiture, 1 h. 40.

De Sidi-Rached à G'hamra (à G'hamra, bordj de campement pour les isolés. Puits artésiens. Eau médiocre,) — Distance, 13 kil. 550; à cheval, 2 h. 10; en voiture, 1 h. 40.

De G'hamra à Tougourt (Tougourt, capitale de l'Oued-Rir'. Caserne d'infanterie. Maison de commandement. Ambulance. Poste de télégraphie optique correspondant avec Tamerna. Puits artésiens. Eau potable.) — Distance, 14 kil. 450; à cheval, 2 h. 20; en voiture, 2 heures.

Marche de la 4e Journée. — Distance, 55 k. 200; à cheval, 8 h. 50; en voiture, 6 h. 35.

BIBLIOGRAPHIE-BIOGRAPHIQUE

(NOTES SUPPLÉMENTAIRES)

Aubin a transmis (1857) de nombreuses inscriptions sur Thimgad, à M. Léon Renier pour son volume des épigraphes de l'Algérie.

Audollent (Auguste), membre de l'Ecole française de Rome. Accompagné de M. Letaille, il est venu, officiellement, vérifier, avec cet archéologue, les inscriptions de la région de Batna, en janvier 1890. Ces érudits ont pu faire un travail utile et consciencieux.

Barnéond, directeur de la maison centrale de Lambèse, fut chargé, en 1865, par le Préfet de Constantine, d'exécuter des fouilles dans les ruines de Lambèse. Ses recherches sont l'objet d'un rapport imprimé dans le recueil de la Société archéologique de Constantine.

Becker (F.) a écrit un *Essai sur le Madr'acen*, inséré dans le tome II de la Revue de la Société arch. de Constantine *1845*.

Berbrugger, membre correspondant de l'Institut de France, inspecteur général des monuments historiques de l'Algérie, président de la Société archéologique et directeur de la Revue africaine, directeur du musée d'Alger. C'est l'un de nos plus estimés archéologues. Il honore grandement l'Algérie. Décédé vers 1871. La liste de ses œuvres est considérable. Citons, de lui, une *Notice sur les Antiquités romaines d'Alger*.

Bloch, savant grand rabbin actuel d'Alger. Erudit. A publié une intéressante étude sur des inscriptions hébraïques concernant des rabbins d'Alger.

Boucris (HAÏM). Possède, dans sa villa, près d'Alger, la plus belle bibliothèque concernant l'Algérie. Bibliophile.

Brunon (le général de génie), a publié un mémoire sur *Les Fouilles exécutées au Madr'acen,* mausolée des rois de Numidie. (T. XVI, Revue archéol. de Constantine.)

Buttafoco (le lieutenant colonel du 31e de ligne). Il fit partie de l'expédition qui s'empara de Batna, en 1844, et qui était commandée par le duc d'Aumale. Son nom figure, à Batna, sur une colonne en granit noir, près du mur d'enceinte d'habitation du général. Cette colonne provient de Lambèse et donne les numéros des régiments qui ont concouru à l'expédition du Ziban et de l'Aurès. L'inscription porte, en tête :

A. S. R. le duc d'Aumale
Prise de possession de Batna, le 22 juin 1844

et au bas :

Défense de l'ancien camp, à Batna
les 10, 11 et 12 mars 1844
par le comte de Buttafoco, lieutenant-colonel au 31ᵉ de ligne
22ᵉ de ligne et 31ᵉ de ligne
3ᵉ bataillon d'Afrique, Artillerie, 3ᵉ chasseurs d'Afrique
Spahis

Cagnat (R.), professeur au Collège de France, chargé de missions officielles en Algérie. Savant archéologue. A fait paraître une étude, ornée de plans, sur le camp et le prœtorium de Lambèse, insérée dans la *Revue archéologique,* année 1889.

Carbuccia (LE COLONEL) s'occupa des fouilles de Lambèse et transmit (1857) diverses inscriptions à M. Léon Renier. Il a fait restaurer le beau tombeau de Flavius, au nord et près de Lambèse (4 mars 1849). On lui doit une carte de l'Aurès et de toutes les voies romaines de cette région.

Cet intelligent officier supérieur est inoubliable. Il est le véritable créateur de la ville de **Batna**, où il commandait la subdivision, à la tête de la Légion étrangère. C'était un administrateur pratique et de merveilleuse intelligence. Il est mort du choléra, à Gallipoli, lors de la campagne de Crimée, en 1854. Batna devrait donner son nom à une rue on à une place; c'est de haute justice.

Cazenave, maire actuel de Biskra et conseiller général (1890); administrateur intelligent qui a obtenu, pour sa commune, la concession des eaux chaudes; successeur de M. DUFOUR, sous l'administration duquel a été créé le grand square de Biskra.

Au sujet de la création de la ville de Biskra, ajoutons, ici, qu'elle est due, en grande partie, à l'administration militaire, et citons les noms des officiers qui y ont contribué : d'abord, le capitaine Richard, puis les commandants Rose et Crouzet, et, enfin, le colonel Noellat.

Cherbonneau (Auguste), mort à Paris, en décembre 1882. L'un des savants qui se sont le plus occupés de l'Algérie. D'abord, professeur de la chaire d'arabe de Constantine (1846), directeur du Collège arabe-français d'Alger ; quitta l'Algérie, en 1879 ; appelé, à Paris, à une chaire de professeur de langues orientales vivantes. Transmit plusieurs inscriptions à M. Léon Renier (1857). On lui doit ces imprimés : *Constantine et ses Antiquités* (Revue arch. de Constantine, t. I) ; *Mémoire sur le monument de Marcouna, dédié à Antonin* (Revue arch. de Constantine, t. XVI). Il était correspondant de l'Institut de France.

Couteau (Louis), inspecteur adjoint des Forêts, à Batna. Administrateur aimé et estimé dans toute la région de Batna. Il est cité dans un ouvrage de M. Renaud, de Tarbes, pour des études briologiques, mousses et lichens. A écrit, dans la presse française, pour démontrer les causes dont le phylloxéra a été la conséquence, en France. Auteur de quelques articles humoristiques et de poésies. Nous n'oublierons jamais sa bienveillance lors de notre séjour à Batna (1890) et toutes les indications si utiles qu'il a bien voulu nous donner au point de vue archéologique.

Creully (le général) a transmis une foule d'inscriptions concernant Thimgad, Sétif et Cirta, à

M. Léon Renier *(1857)*, dont il était l'ami. Il a publié : *Coup d'œil sur les Antiquités de la province de Constantine* (t. 1 de la Revue arch. de Constantine). Ce savant archéologue a coopéré à la fondation de la Société archéologique de Constantine, en 1852.

Domergue (Léon), géomètre de 1re classe au Service de la Topographie, chargé de la circonscription de Batna, savant épigraphiste et numismate, archéologue très distingué. Il a publié une intéressante lettre sur les antiquités romaines des environs de Batna (voir *le Sud*, numéro du 24 octobre 1888) et une dissertation sur une inscription *(Optantius)* inédite des dernières fouilles de Thimgad (voir *l'Echo du Sahara*, 1er novembre 1888). Correspondant de M. Berbrugger à la *Revue africaine*. A découvert et publié les inscriptions saturniennes d'Aïn-Bessem (Auzia) dans la *Revue africaine*, n° 72; l'inscription du légat Apronius, dans la *Revue archéologique*, n° 24. Il a publié aussi, le premier en tête, la dédicace des *Aquæ Flavianæ*, qui fait connaître une station romaine inconnue dans les itinéraires romains ; celle de Septime Sévère, et l'inscription à Esculappe et à Hygie par le légat impérial Lucius Tertullus; celle au dieu Frugifère, des eaux flaviennes (vol. 24, Société arch. de Constantine); a trouvé, sur deux points, la voie romaine de Lambœsis à Diana, par les milliaires de Philippe et de Maximien (vol. 25, Revue arch.). Il a, de plus, écrit plusieurs notices sur la région de Batna, notamment sur *Sériana*. Une note du célèbre M. Berbrugger, membre correspondant de l'Institut, inspecteur général des monuments historiques, etc., dit de lui : « **M. Domergue**, par ses découvertes et ses publications, mérite la reconnaissance de tous les amis de nos antiquités. » *Revue africaine,* n° 72.

Duthoit (E.), mort en 1889, architecte en chef de monuments historiques de l'Algérie, a publié, en 1885, les magnifiques plans des villes de Lambèse et de Thimgad, insérés dans *la Revue* de la Société archéologique de Constantine, plans levés en 1883 par MM. Maintenay et Bernard. Il dirigea, le premier, les fouilles de Thimgad, commencées en 1881.

Farges (LE CAPITAINE), actuellement chef du Bureau arabe à Tébessa, archéologue distingué. A fait des fouilles à Thabursicum (Khamissa), où il a découvert des statues, des objets antiques. Il a publié de nombreuses notices archéologiques. (V. Revue arch. de la Société de Constantine.)

Foy (LE COLONNEL), mort en 1889, a publié une notice sur le tombeau du Madr'acen, dont il fit la première fouille.

Goyt (A.), archéologue, a publié dans le Recueil de la Société archéologique de Constantine, en 1883, les inscriptions relevées par lui dans la région comprise entre Constantine, Sétif et Philippeville. Erudit apprécié.

Jus (H.), ingénieur, dont nous avons souvent parlé, résidant actuellement à Batna. A dirigé, avec beaucoup de persévérance, le forage des puits artésiens, dans la région de l'Oued-Rir', ce qui lui a valu des récompenses honorifiques nombreuses justement méritées. Il a publié : *Les Oasis de l'Oued-*

Rir', en 1856 et 1883. (Challemel, éditeur, 1883.) L'Algérie lui sera reconnaissante de ses efforts et de la science qu'il a mis à son service.

Leclerc (LE DOCTEUR), savant archéologue, a transmis des inscriptions, sur Sétif, à M. Léon Renier, en 1857. Médecin-major en retraite à Ville-sur-Illon (Vosges). Membre de la Société archéologique de Constantine. Il a publié une Notice sur Madr'acen (t. II et III de la Revue arch.).

Letourneux, né à Rennes, en 1820, conseiller honoraire de la Cour d'appel d'Alger, membre des Sociétés botaniques de France, Copenhague, etc. Archéologue, savant botaniste, linguiste et légiste distingué, a publié un *Catalogue* des arbres, arbustes, arbrisseaux, plantes ligneuses et sous-ligneuses de l'Algérie et de la Tunisie. (Alger, in-8°, 1887.) Mort à Saint-Eugène, près d'Alger, en mars 1890.

Leroux (LE COMMANDANT), a transmis des inscriptions à M. Léon Renier, en 1857, sur Lambèse.

Maintenay (A.), son nom ne doit pas être oublié parmi ceux qui se sont occupés de Thingad. En effet, il a accompagné, comme aide, M. Duthoit, architecte (V. ce nom), qui, chargé, en 1881, par l'Etat, des fouilles de cette ville, opéra ce beau travail cette année même, et en 1882-1883. M. Maintenay fit alors des fouilles à Zana. Mais rentré en France, en 1883, il y apporta le germe d'une fièvre putride prise dans l'infection des marais près desquels il avait entrepris ses recherches et mourut trois jours après, trop tôt ravi à la science.

De la Mare (LE COMMANDANT). L'un de nos plus savants officiers d'Algérie, qui a transmis une foule d'inscriptions à **M. Léon Renier**, en 1857 C'est lui qui, l'un des premiers, depuis notre conquête, s'occupa des fouilles de Lambèse. On lui doit l'ouvrage suivant : *Archéologie de l'Algérie*, in-4° (gravures), Paris, Imprimerie Nationale, 200 planches.

Masqueray (E.), directeur de l'Ecole supérieure des lettres à Alger, correspondant de la Société archéologique de Constantine, etc., archéologue savant et apprécié. A donné dans la *Revue archéologique*, de Constantine, des inscriptions inédites trouvées à Thimgad (t. XVII, année 1876 de ce Recueil). Il a publié une Notice sur ses fouilles au forum de *Thabursicum numidarum* (Khamissa), t. XVIII, de la Revue arch. de Constantine, fouilles faites en 1877. On lui doit aussi une thèse remarquable, en latin, pour le doctorat ès lettres, intitulée : *De Aurasio monte* (concernant l'Aurès).

Maury (ALFRED), membre de l'Institut de France, qui devint directeur des Archives nationales, à Paris, a transmis à M. Léon Renier, des Inscriptions pour son bel ouvrage sur Algérie, en 1857.

Mercier (ERNEST), interprète-traducteur assermenté, ancien maire de Constantine, membre de la Société archéologique de cette ville, etc., auteur de savants ouvrages sur l'Algérie. S'est occupé beaucoup de l'histoire de Constantine. C'est l'un des érudits actuels de l'Algérie, au premier rang par la science et le mérite. Nous n'oublierons jamais le gracieux accueil qu'il nous a fait, à Constantine, en janvier 1890.

Moliner-Violle, officier d'Académie, secrétaire de la Sous-Préfecture de Batna. Prochainement, paraîtront de lui, deux très remarquables ouvrages actuellement en manuscrits, savoir : *La Ville romaine de Thimgad*, ses fouilles et ses découvertes, avec gravures et plans, et *La Ville romaine de Lambœsis*, ses fouilles et ses découvertes, avec gravures. Nous faisons des vœux pour la publication de ces deux volumes, si utiles, en adressant nos chaudes félicitations à l'auteur. M. Moliner-Violle a publié, en collaboration avec M. Wahl, *Petite Géographie élémentaire de l'Algérie*, in-18, avec atlas; *Précis de Géographie historique de l'Algérie*, avec 14 cartes, in-8°, 1877. Il a obtenu plusieurs récompenses aux diverses expositions, entre autres une médaille d'argent grand module, à l'Exposition universelle de 1878, pour ses cartes reliefs de l'Algérie. Nos vifs remerciements à M. Moliner-Violle, pour son aimable accueil à notre égard.

Moll (LE CAPITAINE), mort colonel en retraite, a transmis des inscriptions à M. Léon Renier (1857). Il a écrit, sur la ville romaine de Tébessa, la première notice connue ; le titre porte : *Mémoire historique et archéologique sur Tébessa et ses environs* (t. IV et V de la Revue arch. de Constantine). On lui doit un travail sur des fouilles faites à Lambèse (t. III de la Revue arch. de Constantine); une notice sur des inscriptions trouvées aux environs de Lambèse, en 1858.

Payen (LE COMMANDANT), correspondant du Ministère de l'Instruction publique, résidant actuellement à El-Maader, où il est secrétaire de cette commune mixte ; savant de haute compétence qui a transmis de nombreuses inscriptions sur Sétif, Lambèse, etc., en 1857. Il a publié une carte sur les voies romaines de la région de Batna (Revue arch. de Constantine, t. IV) et découvert plusieurs ruines. Il s'est aussi occupé, avec érudition, du système d'irrigation des Romains, dans le bassin du Hodna romain, qu'il a parcouru en entier, étude accompagnée d'un plan. (Voir ce travail, t. VII, de la Revue arch. de Constantine.) Il a aussi publié un travail sur les inscriptions inédites de la région de Batna (t. IV et V de la Revue arch. de Constantine); une notice sur les Thermes romains de Sétif (Revue arch. de Constantine, t. XVI); sur les tombeaux circulaires de la province de Constantine (t. VII de la Revue arch. de Constantine); une notice sur les emplacements de plusieurs villes romaines de la subdivision militaire de Batna (Revue arch. de Constantine).

Peyssonnel et **Desfontaines**, voyageurs et érudits, firent, en 1724 et 1725, un voyage dans la régence d'Alger et de Tunis, publié par Dureau de la Malle, en 1838 (2 volumes in-8°). Ils y parlent des portes et arcs de triomphe de Lambèse et semblent les premiers « curieux » connus qui, dans un temps où la sécurité était peu grande dans les voyages, ne craignirent pas de s'avancer jusqu'à Lambèse.

Piesse (Louis), a publié, en 1885, à la librairie Hachette, un *Itinéraire de l'Algérie*, volume in-8°. Il est question assez longuement de Lambèse et de Biskra; mais ce guide ne renferme absolument rien sur Thimgad, ce qui s'explique vu les fouilles récentes de cette ville.

Playfair (LE LIEUTENANT-COLONEL), actuellement consul général de la reine d'Angleterre, à Alger. Érudit. Il a publié un remarquable travail sur la *Bibliographie de l'Algérie* (du XVIe siècle à nos jours). C'est le premier qui a donné, en 1889, dans l'*Illustration*, de Londres, un article sur Thimgad.

Poinssot, avocat à Paris, directeur de la *Revue de l'Afrique française,* ouvrage de haute érudition, œuvre patriotique fort appréciée, qui a cessé de paraître depuis peu. C'est un savant homme, ami de l'Algérie.

Poulle, directeur des Domaines, correspondant du Ministère de l'Instruction publique, pour les travaux historiques. Président de la Société archéologique de Constantine; l'un des archéologues qui connaissent le mieux les antiquités romaines de l'Algérie. Ce savant a publié un grand nombre de travaux de haut intérêt. Citons : une *Notice sur Thimgad* (année 1883, de la Revue arch. de Constantine), un excellent mémoire sur Lambèse dans le même Recueil (année 1885). Il a donné les inscriptions romaines de Constantine et celles de la province. Il a publié (Revue arch. de Constantine, 1883) des inscriptions diverses de la Numidie et de la Mauritanie sétifienne (voir t. XIII, Revue arch. de Constantine). Nous devons, à M. Poulle, des remerciements pour son aimable accueil, à Constantine, en janvier 1890.

Ragot (LE CAPITAINE), archéologue. A publié un ouvrage remarquable sur la région de Batna et les stations militaires. Né à Verdun, en 1837, il es mort à Bône, en 1875. (V. sa notice nécrologique, Rec. de la Société arch. de Constantine, t. XVII.)

Reboud (LE DOCTER VICTOR), archéologue, mort en 1889. Médecin major; s'attacha surtout à la recherche des inscriptions libyques. Membre correspondant de l'Institut de France.

Renier (Léon), né à Charleville, en 1809, mort vers 1885. Illustre archéologue qui connaissait le mieux les antiquités de l'Algérie. Il fut chargé de deux missions en Algérie, en 1850 et 1852, et publia, de 1855 à 1858, un bien remarquable volume in-4°, intitulé : *Inscriptions romaines de l'Algérie,* contenant 500 pages et 5,417 inscriptions. On lui doit cet imprimé : *Instructions générales pour les Recherches des Antiquités en Algérie,* 1859. Il a donné le texte d'un in-8° savant, intitulé : *Recherches sur l'ancienne ville de Lambèse* (Paris, 1850), dont le commandant d'artillerie de la Mare (V. ce nom) a publié les planches. Il était membre de l'Institut, professeur au Collège de France, etc. Il séjourna à Lambèse; vint dans la région de Batna, etc. Ajoutons qu'en 1851, il signala l'arc de triomphe de Thimgad comme, peut-être, le plus beau reste romain de la Numidie.

Rolland (Georges), ingénieur au corps des Mines. Il a publié : *La Conquête du Désert, Biskra, Tougourt, l'Oued-Rir',* Paris, 1889, in-12. Nous avons, à maintes reprises, parlé de son zèle et de sa science, dans ce volume, à propos de la Société de Batna et du Sud algérien.

Roudet (le docteur) a transmis, à M. Léon Renier, des inscriptions sur Thimgad, Cirta, en 1857.

Sarrasin, délégué du Ministère de l'Instruction publique et des Beaux-Arts, directeur des travaux de fouilles de Thimgad (1888-1890), archéologue de talent, auquel on doit une partie des beaux résultats des fouilles actuelles de Thimgad.

Smith, archéologue allemand, à Leipsick, savant professeur. Membre de l'Institut archéologique de Berlin. Est venu, vers 1886, à Batna, pour vérifier les inscriptions de la région.

Soldati (F.), imprimeur à Batna, et M. **Dessart,** domiciliés audit lieu, ont obtenu, par arrêté de M. le Conservateur des Forêts, de Constantine (1ᵉʳ septembre 1886), une autorisation d'exploiter une merveilleuse carrière de pierres lithographiques, située près de Batna, au bord du Ravin bleu. Cette carrière est appelée à faire une concurrence aux pierres lithographiques venant d'Allemagne. Il serait à souhaiter qu'une grande société prit en mains cette exploitation.

Tardieu (AMBROISE), celui qui écrit ces lignes: né à Clermont-Ferrand. Il réside à Herment (Puy-de-Dôme), où il a créé un musée privé. Qu'on nous permette de citer, parmi ses nombreux travaux historiques et archéologiques, ceux de : *La Ville gallo-romaine de Beauclair* (Puy-de-Dôme), qu'il a découverte et fouillée, in-4°, avec planches en couleurs (1882); *Voyage archéologique en Italie et en Tunisie* (1885), in-4°, avec planches. Il a fait partie, en 1881, d'une mission officielle archéologique, en Tunisie ; a exploré une partie des grandes nations de l'Europe, pour en visiter les musées et les monuments.

Toussaint (LE CAPITAINE), a transmis des inscriptions, sur Lambèse et Thimgad, à M. Léon Renier, en 1857.

Wilmanns, savant allemand, visita Batna, en 1875, et vérifia le texte de toutes les inscriptions de la région, notamment celles de Lambèse. Il publia le résultat de ses recherches dans une dissertation insérée dans les *Commentionnes philologicæ in ho-norem Mommseni.* Ce travail a été traduit par l'abbé Thedenat (Bulletin des Antiquités africaines), en 1884.

Zaccone (J.) donne beaucoup de détails sur la région de Batna et, notamment, la ville et les environs. (*De Batna à Tuggurt et au Souf*, in-12.)

Le *Voyage en Algérie de Napoléon III, en 1865,* a été publié, in-folio, par Dajou, en 1865. (Le consulter pour Batna, Lambèse, etc.)

ERRATA. — Page 40, ligne 4, au lieu de : *chez M*^{me} *Duprat,* lire : *aux environs et près de la maison de M*^{me} *Duprat.* — Page 42, ligne 3, supprimez *1845.* — Page 43, ligne 18, supprimez *1857.*

En terminant, nous tenons à remercier, ici, quelques personnes savantes qui nous ont encouragé dans notre voyage archéologique de Lambèse et Thimgad, etc. Qu'elles reçoivent l'hommage de notre reconnaissance. Ce sont : MM. TIRMAN, gouverneur général de l'Algérie ; les généraux de division BRÉART (à Alger) et MUNIER (à Constantine) ; M. le général DE LA ROQUE, commandant la subdivision de Batna ; M. le colonel FONTEBRIDE (du 3ᵉ zouaves), à Constantine ; M. le commandant WIÈSE (du 3ᵉ zouaves), et M. le capitaine DE GINESTOUS (du 3ᵉ zouaves). Ces deux derniers actuellement en garnison à Batna. Nous ne devons pas, non plus, oublier M. PRUDHOMME, capitaine en retraite, bibliothécaire de la ville de Constantine, et ne pouvons passer sous silence le cercle militaire entier de la ville de Batna, qui nous a accueilli avec tant de bonté.

TABLE DES MATIÈRES

	PAGES
I. De Paris à Alger..................	7
II. D'Alger à Constantine..............	10
III. De Constantine à Batna............	13
IV. De Batna à Lambèse	15
V. De Lambèse à Thimgad	19
VI. De Batna à Biskra	25
VII. Itinéraire de Biskra à Tougourt	35
Renseignements pratiques...............	39
Bibliographie-Biographique.............	41

MAISONS
RECOMMANDÉES

Pour ne plus tousser

PRENEZ LES

Capsulines Malachowski

Au Goudron des Aurès

Dépôt à Batna, Pharmacie MALACHOWSKI.

LIBRAIRIE ET PAPETERIE
H. ROUX
18, rue de Constantine, et 6, rue Bugeaud,
BATNA

BUREAU DE LA RÉGIE

Grands assortiments de vues de Thimgad
& DU SAHARA
ARTICLES DE CHASSE ET DE VOYAGE

HOTEL DE PARIS

DE PREMIER ORDRE ET ENTIÈREMENT NEUF

En face les bureaux des Postes et Télégraphes
A côté de l'Hôtel de Ville

BATNA (Algérie)

Appartements et Salons pour familles
VOITURES A TOUS LES TRAINS
Service régulier et particulier pour Lambèse et Thimgad

CHEVAUX DE SELLE POUR EXCURSIONS

HOTEL DES ÉTRANGERS
Batna (Algérie)

ÉTABLISSEMENT DE PREMIER ORDRE
Omnibus à tous les Trains

Voitures pour excursions aux Ruines de Lambèse, Thimgad et au Pic des Cèdres.

MADAME CHEVALIER

12, rue de Constantine, 12.

BATNA (ALGÉRIE)

MODES & MERCERIE

CHAPEAUX, FLEURS

SATINS, PARURES

SOIERIES ET RUBANNERIES

DENTELLES, BRODERIES

CHAPELLERIE POUR HOMMES

Parfumerie & Ganterie

ARTICLES DE PARIS ET DE VOYAGE

Jouets d'enfants

TABACS ET CIGARES

ARTICLES MILITAIRES, DE FUMEURS ET DE BUREAUX

GRAND CAFÉ

CARMEN CHERRI, propriétaire

Rue de Sétif

BATNA (ALGÉRIE)

Établissement de 1ᵉʳ Ordre

Salle recommandée aux artistes de passage

RESTAURANT DE MARSEILLE

Rue de Sétif — Batna

TENU PAR CHAUVET

Service au Mois, au Repas et à la Carte

Chambres à 1 fr. et au-dessus

Lits pour Ouvriers à 50 cent. la nuit

On loge à pied & à cheval

ALPHONSE MARTIN

Service quotidien des Postes

de Batna à Khenchela

VICE-VERSA

Départ de Batna et Khenchela

A 4 HEURES DU MATIN

ARRIVÉE A 4 HEURES DU SOIR

PRIX DES PLACES :

10 francs.

CAFÉ TURC

Madame Veuve Ruas, (propriétaire)

EN FACE LES BUREAUX DU TÉLÉGRAPHE
& L'HOTEL DE PARIS

Au centre des affaires commerciales

RAFFRICHISSEMENTS & CONSOMMATIONS

DE PREMIER CHOIX

ROCCO PIERRE

Entreprneur de Travaux Publics

BATNA

EN VENTE

Chez tous les libraires d'Algérie et de Tunisie

OUVRAGES
DE
M. ERNEST MERCIER

Interprète-traducteur assermenté
Ancien maire de Constantine
Chevalier de la légion d'honneur, officier d'Académie, etc.

Histoire de l'Afrique septentrionale, *(Berbérie),* depuis les temps les plus reculés jusqu'à la conquête française **(1830)**, 2 beaux volumes g. in-8 de 450 pages, avec 3 cartes, *Leroux,* éditeur. Paris. (1888). le vol........ 8 f.

La France dans le Sahara et au Soudan. brochure g. in-8. *Leroux,* éditeur Paris. (1889) 1 25

L'Algérie et les questions algériennes, 1 vol. in-8. *Challamel,* éditeur, Paris.... 5

Le Cinquantenaire d'une colonie. *L'Algérie en 1880.* 1 vol. in-8. *Challamel,* éditeur, Paris.............................. 5

Episodes de la conquête de l'Afrique par les Arabes. *Koceïla. La Kahéna. Braham* éditeur, Constantine, br. in-8, avec 1 carte.... 1 50

ÉPICERIE MODÈLE
ET
FABRIQUE DE PATES
E. PENNATO FILS
GROS ET DÉTAIL
BATNA

MAISON DE GROS ET DÉTAIL
GAETAN CHERRI
ET FILS

Rues de Sétif, N° 23 et Victor Hugo N° 9

BATNA (Algérie)

Denrées Coloniales — Epicerie Comestibles
Vins fins et Ordinaires — Sirops et Liqueurs Fines
Poterie, Faïence, Porcelaine verrerie
Tabacs et Cigares
Articles de Chasse — Conserves Alimentaires
Spécialité de Fromages fantaisie
Conserves à Chauffoir — Cordages Charbon

Brasserie de Strasbourg

Rue de la Prairie, N° 1

BATNA *(Algérie)*

EAUX GAZEUSES
CONSTANT BONAT

PROPRIÉTAIRE AGRICULTEUR

A. VILLEMIN

LIQUORISTE
2, RUE DE PHILIPPEVILLE, 2
BATNA (Algérie)

Vins fins et Ordinaires
LIQUEURS DE MARQUES ET ORDINAIRES
SPIRITUEUX
LIMONADES ET EAUX DE SELTZ
GROS ET DÉTAIL

E. MORTIER
— « RUE DE BONE N° 6 — BATNA » —

Camionnage — Transit

TRANSPORTS EN GRANDE ET PETITE VITESSE

VOITURES A VOLONTÉ

POUR EXCURSIONS DANS LA RÉGION

PRIX MODÉRÉS

GÉRARD
MAITRE-SELLIER
RUE DE SÉTIF
BATNA (Algérie)

SELLERIE GENRE ANGLAIS

BOURRELLERIE EN TOUS GENRES

Pelleterie Assortie

HOTEL DU CHEVAL BLANC
TENU PAR
ABEL LAURIN
Rues de Sétif, n° 12, et d'Oran, n° 10
BATNA (Algérie)

SERVICE AU REPAS ET A LA CARTE

On prend des Pensionnaires

Chambres à 1 fr. et au-dessus

Lits pour Ouvriers à 0 fr. 50 la nuit

ÉCURIES & REMISE

CAFÉ DES MESSAGERIES
TENU PAR
MADAME Veuve MISSOUD
(Près la porte de Biskra)
BATNA (Algérie)

Voitures pour excursions pour Lambèse Pic des Cèdres et
THIMGAD

SERVICE RÉGULIER POUR
SÉRIANA & AIN-TOUTA

HOTEL DE L'OASIS
BISKRA (Algérie)

JEAN MAZUÉ, (Propriétaire)
CUISINE BOURGEOISE — VIEILLE CAVE RENOMMÉE
RECOMMAMDÉ
AUX FAMILLES, TOURISTES ET VOYAGEURS

MASSÉE
Angle, Place Petit
BISKRA (ALGÉRIE)

PARFUMERIE, PAPETERIE, CHAPELLERIE
Gants, Chaussures, etc, etc.

PRIMEURS, FRUITS & LÉGUMES FRAIS

ÉPICERIE CENTRALE

10, RUE D'ALGER — 5, RUE GAMBETTA

Maison de confiance et de bon marché

CH. TABONI
NÉGOCIANT
BATNA

EXPORTATION

DROGUERIE

DENRÉES COLONIALES

Conserves Alimentaires

Verrerie & Porcelaine

BISCUITS & CONFISERIE

IMPORTATION

Épicerie

Légumes et Fruits Secs

Pâtes Alimentaires

POTERIE FAÏENCE

FROMAGES ET SALAISONS

GROS ET DÉTAIL

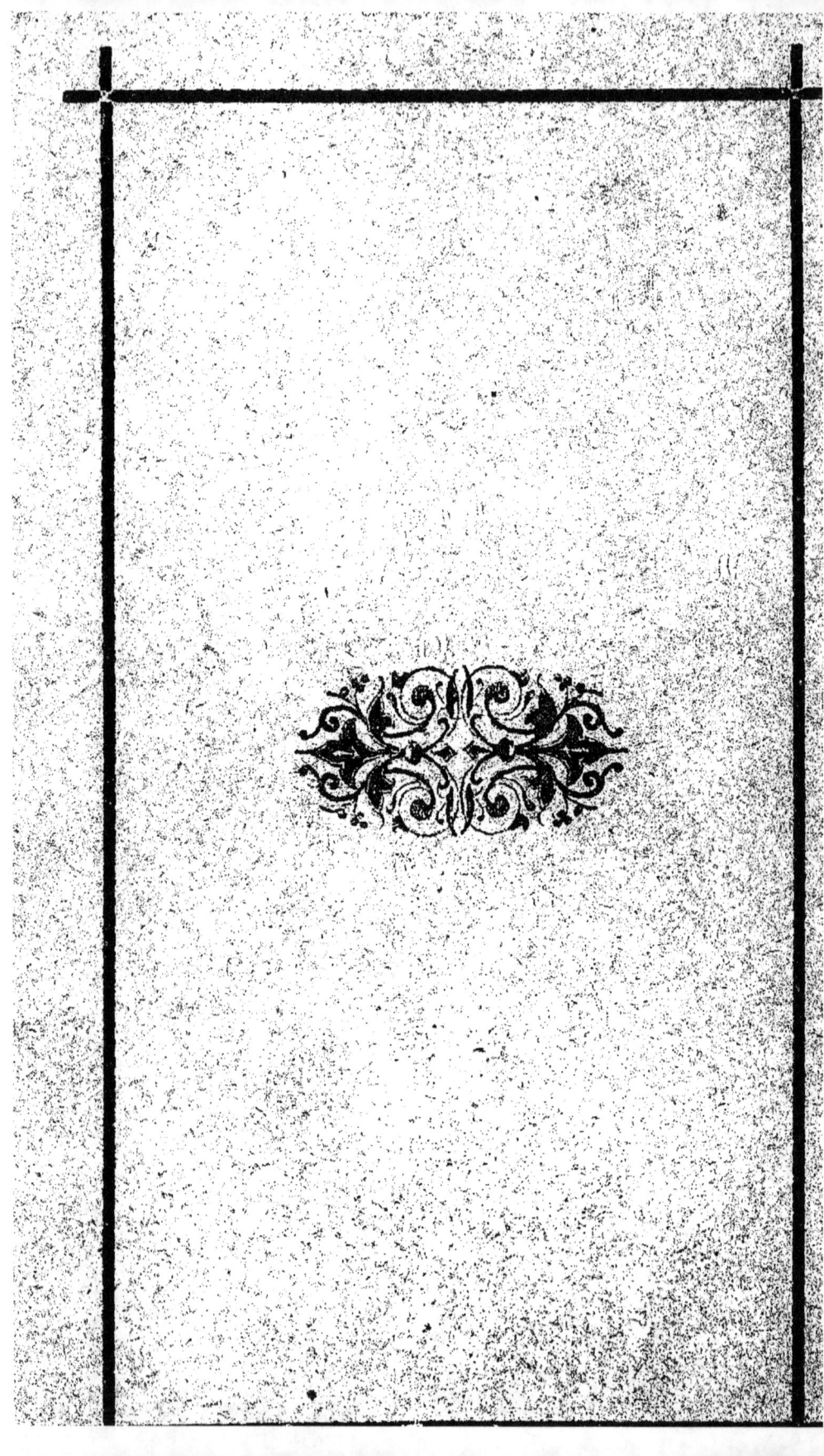

www.ingramcontent.com/pod-product-compliance
Lightning Source LLC
LaVergne TN
LVHW022114080426
835511LV00007B/818